Mission Bijou

Illustrations
Claude Thivierge

Directrice de la collection
Denise Gaouette

MAXI Rat de bibliothèque

Catalogage avant publication de Bibliothèque et Archives nationales du Québec et Bibliothèque et Archives Canada

Morissette, Sophie

Mission BIJOU

(MAXI Rat de bibliothèque ; 21)
Pour enfants de 7 à 9 ans.

ISBN 978-2-7613-4018-2

I. Thivierge, Claude. II. Titre.
III. Collection : MAXI Rat de bibliothèque ; 21.

PS8626.0753M57 2011 jC843'.6 C2011-940751-5
PS9626.0753M57 2011

Éditrice : Johanne Tremblay
Réviseure linguistique : Claire St-Onge
Directrice artistique : Hélène Cousineau
Coordonnatrice aux réalisations graphiques : Sylvie Piotte
Conception graphique et édition électronique : Isabel Lafleur

ERPI Éducation ▸ innovation ▸ passion

5757, rue Cypihot, Saint-Laurent (Québec) H4S 1R3 ▸ **erpi.com**
TÉLÉPHONE : 514 334-2690 TÉLÉCOPIEUR : 514 334-4720 ▸ erpidlm@erpi.com

Dépôt légal – Bibliothèque et Archives nationales du Québec, 2011
Dépôt légal – Bibliothèque et Archives Canada, 2011

Imprimé au Canada
ISBN 978-2-7613-4018-2

1234567890 HLN 15 14 13 12 11
11281 C016

Des personnages de l'histoire

Gratouille

Goglu

Paruline

madame Snobinette

madame Bonbon

Chapitre 1

Un appel à l'aide

Affolée, madame Snobinette crie à tue-tête:

— Au secours! Mon Bijou a disparu!

Quelques minutes plus tard, les jeunes détectives Goglu et Paruline arrivent à bord de leur *SuperBacMobile*.

Goglu interroge madame Snobinette :
— Décrivez votre Bijou. Quelle est sa couleur ? Quelle est sa grosseur ? Quelle est sa valeur ?

Madame Snobinette décrit son Bijou
entre deux sanglots :
— Mon Bijou est noir et gris,
ni trop gros ni trop petit.
Mon Bijou n'a pas de prix.
Voici une photographie.

Goglu est embarrassé.
— Votre Bijou est magnifique, mais je ne peux pas vous aider.

Madame Snobinette est désespérée.
— Je vous en supplie.
Je n'ai pas d'amis.
Je n'ai pas de mari.
Mon Bijou est toute ma vie.

Goglu est encore plus embarrassé.
— Désolé, Madame ! C'est que je suis allergique à votre Bijou.

Zzzioup! Paruline fouille dans la *SuperBacMobile*. Elle fredonne:

– Un masque de plongeur
et un tuyau d'aspirateur…
Il suffit d'une bonne idée
et le problème est vite réglé!
Eurêka! Voilà un masque à chat!
En route pour la mission BIJOU!

BIJOU

Chapitre 2

Un premier indice

Les deux détectives scrutent les alentours. Paruline en profite pour récupérer des trucs abandonnés aux ordures. *Zzzioup! Zzzioup!* Dans la *SuperBacMobile!*

Soudain, Gratouille se glisse hors de la *SuperBacMobile* pour explorer la pelouse. Lui aussi est à la recherche d'indices.

– *Couik! Couik!*

– Ah! Quelle horreur! Un rat! hurle madame Snobinette.

Goglu hausse les épaules et continue ses recherches. Soudain, il se penche pour ramasser quelque chose près de son soulier.

– Un emballage de bonbon, constate Goglu.

– Mais qu'est-ce que ce déchet fait là? Je ne mange jamais de sucreries, s'offusque madame Snobinette.

Si madame Snobinette ne mange jamais de sucreries… qui a mangé un bonbon sur sa pelouse ? Mystère !

Quelques instants plus tard, Gratouille dépose des petits bouts de papier sur la galerie.

Goglu se concentre. Il déplace et place les bouts de papier. Après quelques minutes, il s'exclame :

– Voici une piste ! Gratouille, tu es super génial !

Goglu, Paruline et Gratouille sautent dans la *SuperBacMobile* :

– *Zzzioup ! Zzzioup !* En route vers la Confiserie Madame Bonbon !

Chapitre 3

La chasse au chat

Les deux détectives entrent dans la confiserie. Debout derrière son comptoir, madame Bonbon mastique les deux caramels qu'elle vient tout juste de déballer.

Goglu éternue et son nez coule. Vite, il sort du magasin de bonbons.

– *Atchoum! Atchoum!* fait Goglu. Pas de doute, il y a un chat ici!

Paruline furète partout. Elle se dirige vers une pyramide de barils remplis de gommes à mâcher multicolores. Caché derrière, il y a un chat dans une cage. C'est Bijou!

Paruline ouvre la cage. Terrorisé, le chat déguerpit.

Paruline poursuit le chat. La pyramide de barils s'effondre. Madame Bonbon poursuit Paruline. Le bac de caramels se renverse.

Pendant ce temps, Bijou file par la porte ouverte. Et madame Bonbon disparaît par une autre porte.

Chapitre 4

Un deuxième indice

Bijou s'est enfui. Où est-il ? Goglu l'aperçoit, juché dans un arbre. Goglu se dépêche d'installer son masque à chat et grimpe rapidement sur la *SuperBacMobile.*

– Bijou ! Beau Bijou ! Viens !

Le chat miaule et se réfugie encore plus haut.

Zzzioup! Paruline fouille dans la *SuperBacMobile*. Elle fredonne :

– Deux vieilles chaises en morceaux,
des clous et un marteau…
Il suffit d'une bonne idée
et le problème est vite réglé !
Eurêka! Voilà une échelle à chat !

Goglu peut se hisser jusqu'à Bijou, grâce à l'invention de Paruline. Il pose l'échelle à chat sur le toit de la *SuperBacMobile* et grimpe. Mais au moment d'attraper le chat…

La méchante madame Bonbon se faufile près de la *SuperBacMobile* et enlève le frein de sûreté.

La *SuperBacMobile* s'ébranle et dévale la pente. Le chat vole dans les airs et atterrit dans les bras de madame Bonbon.

Accroché à l'échelle à chat, Goglu crie :
– Au secours ! Une haie de cèdres droit devant !

Vite, Paruline passe une jambe à l'intérieur de la *SuperBacMobile*. Vite, elle passe l'autre jambe. Elle freine juste à temps ! *Hiiiiiiiiiiiiiiiiiiiiiiiiiiii !*

Goglu vole par-dessus la haie de cèdres et plonge dans la piscine municipale. *Splash!*

Madame Bonbon surgit au volant d'une voiture décapotable. Bijou est attaché sur le siège arrière. La voiture fonce droit sur Paruline. Au dernier moment, madame Bonbon tourne le volant, et les roues de son bolide dérapent dans une flaque boueuse. Paruline est toute éclaboussée.

Dégoulinants, les deux détectives regardent Bijou et la voleuse s'enfuir. Ils sont bien déterminés à ne pas abandonner.

– Il faut réussir notre mission, dit Goglu. Cherchons d'autres pistes.

En disant ces mots, Goglu aperçoit une affiche placardée au mur.

Intrigué, il s'approche pour mieux lire le message.

CONCOURS DE BEAUTÉ
POUR ANIMAUX DE COMPAGNIE
QUAND ? Aujourd'hui
OÙ ? École Toutoumatou
GRAND PRIX DE
1000 $

Chapitre 5

Le grand prix

Après avoir essuyé la boue, Goglu déclare fièrement :

– C'est une piste !

Goglu, Paruline et Gratouille sautent dans la *SuperBacMobile*.

– En route vers l'école Toutoumatou !

Les deux détectives sont sur les lieux en un éclair.

– *Atchoum! Atchoum!*

Goglu remet son masque à chat.

Surpris par cette intrusion, le gardien de sécurité se dresse devant eux.

– Halte! Vous ne pouvez pas entrer sans un animal de compagnie.

Goglu et Paruline rebroussent tout de suite chemin.

Zzzioup! Paruline fouille dans la *SuperBacMobile*. Elle fredonne :

– Un ruban satiné
et un beau chou rafistolé...
Il suffit d'une bonne idée
et le problème est vite réglé.
Eurêka! Voilà le plus beau
des rats!

Paruline retourne vite dans l'école et présente fièrement Gratouille au gardien:

– Voici mon animal de compagnie.

– *Couik! Couik!*

– Un rat? Un rat? Quelle horreur! dit le gardien en se réfugiant derrière la porte.

Pendant que Goglu fait le guet près de la porte, Paruline entre d'un pas assuré dans la salle d'exposition des chats.

Mais que voit Paruline sur le podium ?

Quelle surprise ! Bijou et madame Bonbon se font photographier.

Au même moment, l'animateur dit :
– Félicitations à Bijou et à madame Bonbon ! Ils remportent le grand prix de mille dollars.

Paruline s'approche des gagnants sans se faire remarquer et dépose Gratouille sur le chapeau de madame Bonbon.
– *Couik ! Couik !*

Pris de panique, tous les chats se précipitent sur le rat.

Affolée, madame Bonbon attrape Bijou et s'enfuit à toutes jambes. Poursuivie par des douzaines de chats, elle traverse la salle d'exposition des chiens. Et voilà que tous les chiens s'élancent à la poursuite des chats.

— Au secours ! *Miaou ! Wouf! Couik!*

Quelle pagaille ! Apeuré, le gardien s'empresse de téléphoner à la police.

Madame Bonbon court vers la sortie. Tout à coup, elle trébuche sur un mini chihuahua. *Paf!* Elle s'étale de tout son long aux pieds de Goglu.

Les policiers arrivent et Paruline leur raconte toute l'histoire. Pendant ce temps, Gratouille se glisse en catimini dans la poche de la détective.

Goglu et Paruline sont heureux de ramener Bijou et les mille dollars à madame Snobinette.

La vieille dame serre son chat sur son cœur. Elle pleure de joie :
– Merci ! Merci ! Gardez l'argent. C'est votre récompense.

Avec les mille dollars, Paruline décide d'aménager un parc communautaire dans la cour de madame Snobinette. Paruline utilise tout le contenu de la *SuperBacMobile*, pour le plus grand bonheur des résidents du quartier.

Madame Snobinette et son Bijou sont ravis de constater qu'ils ne seront plus jamais seuls.

Personne n'a jamais revu madame Bonbon depuis ce jour. Où est-elle donc passée ?

Table des matières

On retrouve Bijou à différents endroits dans l'histoire **Mission Bijou.**
Lis le nom des endroits et place-les dans le bon ordre.

1 à l'école Toutoumatou

2 dans un arbre

3 au parc communautaire

4 à la Confiserie Madame Bonbon

5 dans la voiture décapotable de madame Bonbon

Paruline invente des merveilles
à partir d'objets récupérés.
Associe chaque invention de Paruline
aux objets qu'elle a récupérés.

Inventions

A un masque à chat

B un déguisement de rat

C une échelle à chat

Objets récupérés

1 un ruban satiné

2 un masque de plongeur

3 des chaises en morceaux

4 un chou rafistolé

5 un tuyau d'aspirateur

Vroum ! vroum !

La *SuperBacMobile* est assez spéciale. Elle contient tous les objets récupérés par Paruline.
Toi aussi, tu peux inventer un moyen de transport bizarre.

Fabrique un véhicule original à partir d'objets recyclés.

- Dessine ton invention. Écris sous ton dessin le nom de ton invention et son utilité.

  EXEMPLE

  La *MégaSacÀdos* transporte tous les sacs à dos de mes amis.

- Rassemble des objets récupérés pour fabriquer ton véhicule.

  EXEMPLES

  un récipient en plastique ou en polystyrène, une boîte, du carton, des cure-pipes, des rouleaux de papier hygiénique, des bouchons de liège

- Construis ton véhicule avec l'aide de tes parents ou de tes amis.